JN214344

コンビニから社会(しゃかい)をさぐる❷

コンビニのSDGs(エスディージーズ)が止(と)まらない！

すずき出版

はじめに

コンビニは変化対応業!!

吉岡 秀子
（コンビニジャーナリスト）

コンビニは“変化対応業”と呼ばれています。暮らしによりそい、社会の変化に合わせて、商品やサービス、店舗のあり方を柔軟に変えているからです。

『コンビニから社会をさぐる』1巻は、社会のデジタル化に応じた、店舗のくふうや働き方の変化など、最新テクノロジーを駆使したコンビニの進化を学びました。

そして2巻は、地球温暖化やフードロスなど、さまざまな社会課題に焦点をあて、その解決に向けたコンビニ各社の取り組みをさぐっていきます。賞味期限の切れた食品はどうなるの？ プラスチックをへらすくふうは？ など、身近な社会課題にコンビニがどう対応しているかを知ることで、持続可能な開発目標「SDGs」への関心を高め、理解を深めていきます。人と地球にやさしい取り組みは、特別なことではありません。わたしたちひとりひとりの心がけと行動が、明るい未来を作る鍵なのです。

もくじ

キャラクター紹介

くらべてみよう！

コンビニエンスストアの昔と今

［ファミリーマート］

■ファミリーマート1号店（埼玉県狭山市、1973年9月オープン）

日本に「ファミリーマート」が誕生したのは、1973年のこと。それから約50年が経過して、店舗のようすもだいぶ変わりました。どんな変化をしているか写真で見くらべてみましょう。ファミリーマートが、「あなたと、コンビに、ファミリーマート」というキャッチフレーズを使いはじめたのは、1989年のことでした。

■現在のファミリーマート（標準店舗の例）

たどってみよう！

社会の変化とコンビニの歴史

コンビニ年表

年代	1970年代	1980年代
社会の特徴	景気が上向き、人々の生活様式が変化。 経済が成長していく時代だったため、仕事がふえていそがしい人が多くなった。そのため、よりかんたんに、そしてべんりに買い物したいと考える人も多くなった。	
コンビニの特徴	タイムコンビニエンス（「24時間営業している」という利用時間のべんりさ） いそがしい人がふえたことを受けて、これまでの店ではやっていなかった「24時間営業」「手軽に、すぐに食べられる食品の販売」を取り入れたことで、コンビニは社会に受け入れられていった。	
社会のできごと	1974年 大規模小売店舗法施行（店舗面積が一定の基準を超える出店をする場合は、周辺地域に悪影響が出ないようにすることを決めた法律） 1976年 大和運輸（現・ヤマト運輸）が宅急便サービスを開始	1986年 バブル景気 1986年 男女雇用機会均等法施行（職場などで性別によってことなるあつかいをすることを禁じる法律）
コンビニのできごと	1973年 ファミリーマート1号店開店 1974年 セブン-イレブン1号店開店（フランチャイズ形式による日本初のコンビニ） 1975年 セブン-イレブンが24時間営業を開始 1975年 ローソン1号店開店 1976年 セブン-イレブンが共同配送を開始 1978年 セブン-イレブンが「パリッコフィルム」のおにぎりを販売 1979年 セブン-イレブンがおでんの販売を開始 1979年 ローソンがフライヤーを導入	1980年 ローソンがオリジナル肉まんの販売を開始 1981年 ローソンが映画前売券の販売を開始 1982年 セブン-イレブンがPOSシステムの導入を開始 1986年 ローソンが「からあげクン」を発売 1987年 セブン-イレブンが一部の公共料金から収納代行サービスを開始

コンビニエンスストア（コンビニ）とは

売場面積30平方メートル以上、250平方メートル未満で、おもに飲料や食品を取りあつかう店舗です。日本では1970年代に登場しはじめました。そのころは大型スーパーや百貨店が多く、商店街などの個人店は苦戦していました。そこで大型スーパーなどとはちがう特徴をもつコンビニへと近代化をはかったのです。そしてコンビニは、同じ名前やマークを使い、たくさん店舗を運営するしくみである「フランチャイズシステム」によって、全国に急速に広がりました。

「コンビニエンスストア」は、「べんりなお店」という意味です。この本では「コンビニ」と略して呼ぶことにします。日本で最初のコンビニが登場して以来50年のあいだに、コンビニは日本全国に広がり、取りあつかう商品も変わりつづけています。社会の変化とコンビニの歴史は、大きくかかわっています。年表でたどってみましょう。

1990年代	2000年代

景気が悪くなり、人々のお金の使い方が変化。

好調だった経済が悪化して不況となり、よりよいものをできるだけ安く買いたいと考える人がふえた。
そして、できるだけ価値のあるものにお金を使いたいと考えるようになった。

クオリティコンビニエンス（「高品質のよい商品」「多様なサービス」というべんりさ）

コンビニは、たんにべんりさを追求するだけの場所にとどまらず
「街のインフラ（生活や産業の土台となる施設）」「災害時のライフライン」として、
多くの利用者から支持を得るようになった。それにともなって、出店もふえた。

1990年代

- 1991年
- 1995年 阪神淡路大震災発生
- 1996年 腸管出血性大腸菌O157感染症が流行
- 1996年 セブン-イレブン、ファミリーマートがゲーム機・ソフトの販売を開始
- 1997年 ローソンが47都道府県に出店達成
- 1997年 ローソンが利用者にトイレを開放
- 1998年 ローソンがマルチメディア端末「Loppi」を全店に導入
- 1999年 ファミリーマートがATMサービスを開始

2000年代

- 2000年 アマゾンドットコムが日本語サイトをオープン
- 2008年 リーマン・ショック（アメリカの証券会社の倒産をきっかけに世界経済が悪くなった事件）
- 2003年 ローソンが全店に郵便ポストを設置
- 2006年 ファミリーマートが47都道府県に出店達成
- 2006年 ファミリーマートが「ファミチキ」を発売
- 2007年 セブン-イレブンが電子マネー「nanaco」のサービス開始
- 2007年 セブン-イレブンでグループ共通のプライベートブランド「セブンプレミアム」を発売
- 2009年 ローソンが「プレミアムロールケーキ」を発売

共同配送について

昔は、商品ごとに何台ものトラックで配送していましたが、1980年代に、いろいろな商品を倉庫に集め、そこから店舗ごとに商品をまとめて送る共同配送がはじまりました。店舗の受け入れも楽になり、トラック便がへって排気ガスもへりました。また、商品は冷凍・冷蔵・常温などの温度帯ごとに分けられ、品質が保たれるようになりました。

社会もコンビニも、50年のあいだに、
いろいろあったんだね。

2010年代	2020年代

IT技術の発展などで人々の日常が変化。

多くの自然災害を経験し、エネルギーや地球環境を大切にしようという意識が、社会に広がっていった。それがSDGsへの関心につながった。IT技術の発展により、社会が劇的に変わった。

ライフコンビニエンス（地域の人々の暮らし「ライフ」を支えてくれるというべんりさ）

震災体験などにより、家族や仲間との「絆」の大切さや、地球環境の大切さが見直され、環境に配慮した商品・サービスが求められるようになった。そして、日本の少子高齢化による人手不足などへの対応や、人々の暮らしをよりべんりにするためにデジタル化が進んだ。

2010年代

- 2011年 東日本大震災発生
- 2016年 熊本地震発生

- 2010年 ローソンがセルフレジを導入
- 2010年 ローソンのプライベートブランド「ローソンセレクト」を発売
- 2011年 セブン-イレブンが移動販売「セブンあんしんお届け便」を開始
- 2017年 セブン-イレブンがペットボトル回収機を設置
- 2018年 ローソンでスマホ決済サービスを開始
- 2019年 セブン-イレブンが47都道府県に出店達成
- 2019年 ファミリーマートが「ファミマこども食堂」を開始
- 2019年 ファミリーマートが決済機能つきアプリ「ファミペイ」を開始

2020年代

- 2020年 新型コロナウイルス感染症が流行
- 2023年 新型コロナウイルス感染症が5類感染症へ移行
- 2024年 能登半島地震発生

- 2021年 ファミリーマートが無人決済店舗1号店開店
- 2021年 ファミリーマートが「ファミマフードドライブ」の本格展開を開始
- 2021年 ファミリーマートのプライベートブランド「ファミマル」を発売
- 2022年 ローソンが近未来型店舗「グリーンローソン」開店
- 2024年 セブン-イレブンが地域の木材を使用した次世代環境配慮型のコンビニ開店
- 2024年 ファミリーマートがデジタルサイネージを全国10,000店に設置完了

POSシステムについて

どの店舗でどんな商品がどれくらい売れているかを管理するコンピュータシステムです。これにより、店舗ごとに、商品の売れ行きがつかめるので、売れ残りや商品不足を起こさないように商品を仕入れることができます。

プライベートブランドについて

プライベートブランドとは、小売業者が、メーカーと協力して独自に作る商品です。POSシステムやカードデータなどでつかんだ情報を分析して、ヒットをねらえる商品を開発します。プライベートブランドは、菓子やカップ麺などいろいろな商品に広がっています。

1章

地球にやさしいSDGs！

地球にやさしいSDGs！

現在、世界では、貧困や戦争、気候変動など、さまざまな問題が起こっています。これらの問題を解決・改善して、地球を未来につないでいくためには、なにをしたらいいのでしょうか。そこで世界中の人々が話し合い、立てた目標がSDGs（→12ページ）です。2030年までに達成すべき具体的な目標を、17項目に分けて取り上げています。目標の達成に向けて、世界中でさまざまな取り組みが進んでいる中で、日本でもSDGsに関するニュースや呼びかけを見かけない日はほとんどありません。

コンビニでは、すでにSDGsの取り組みが実践されています。なかでも、環境問題の解決に向けた取り組みは、とくに力を入れている分野のひとつです。具体的にどのような取り組みが進んでいるのか見ていきましょう。

プラスチック使用量をへらす取り組み

プラスチックを作るときにも、燃やして処分するときにも、CO_2（二酸化炭素）などの地球温暖化の原因となる物質が発生します。また、プラスチックは基本的に自然に分解されることはないため、大量に消費されるプラスチックのゴミの処分が追いついていません。また、川や海に流された微細なプラスチック（マイクロプラスチック）は、水にすむ生き物たちに深刻な被害を与えています。

コンビニでは、プラスチック製のスプーンやストローをやめたり、使用ずみのペットボトルを回収して新たなペットボトルにリサイクルするなど、プラスチックの使用量をへらす取り組みを進めています。

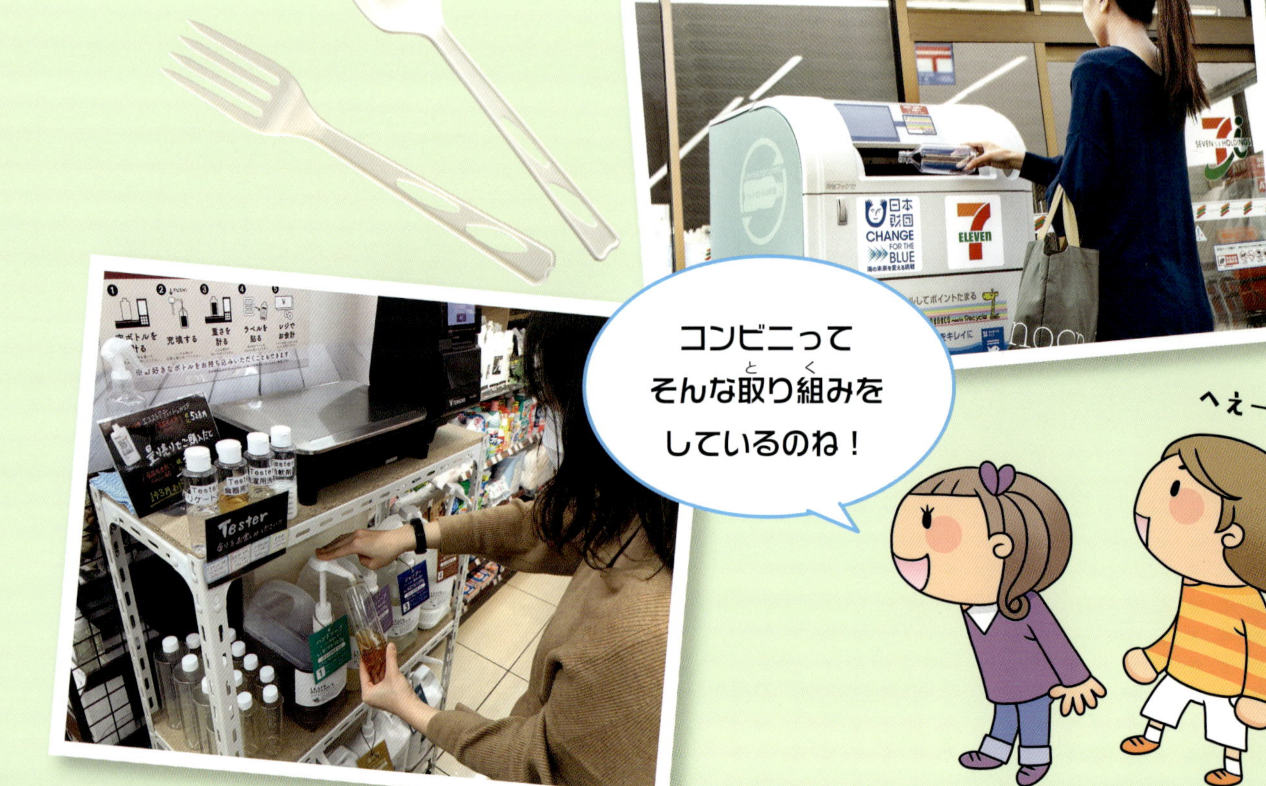

食品をむだにしないくふう

おいしく食べられる期間(賞味期限)をすぎた食品などが、まだ食べられるのに捨てられてしまうことを「食品ロス(フードロス)」といいます(→18ページ)。コンビニでは、たくさんの食品をあつかっているので、食品ロスをへらすためにいろいろなくふうをしています。

◎大きさやかたちなどが基準に合わないという理由で捨てられる野菜や果物を、スムージーなどに商品化して販売する。
◎売れ残りによる廃棄処分をへらすために、消費期限などのせまった商品を値引きして販売する。
◎売れ残ってしまった食品を飼料や肥料にリサイクルして活用する。

地球温暖化を進ませない努力

地球は、太陽の光と熱であたためられていて、太陽からきたエネルギーと同じ量のエネルギーが宇宙に出ていくことによって、そのバランスが保たれています。しかし、CO_2などの温室効果ガスが必要以上に大気中にたまってしまうと、そのバランスがくずれ、地球の温度が上がってしまうのです(地球温暖化)。地球温暖化をふせぐために、コンビニではCO_2の排出をへらす次のような努力をつづけています。

◎LED照明や省エネ対策で節電につとめる。
◎CO_2を発生させない太陽光発電を活用する。
◎環境への影響が小さい、新型の冷蔵庫や冷凍庫を積極的に使用する。これまで冷やすために使用されていたフロンガスは、地球温暖化への影響が大きいので、ノンフロン化の冷蔵庫などへの変更を進める。
◎商品を運ぶ車両の排気ガスをへらすために、配送ルートを効率化させて車両の台数をへらす。

ボトルtoボトル

ペットボトルがペットボトルに生まれ変わる

SDGs達成のための取り組みとして、コンビニでは今、使用ずみペットボトル容器のリサイクルを積極的に進めています。自社ブランドの飲料の容器を「100%リサイクルペットボトル」に切りかえたり、独自の回収機を店頭に設置したりしています。

ここで紹介する「ボトルtoボトル」とは、飲料の容器として使用されたペットボトルを回収して、また容器を作り、何度もリサイクルする活動です。2023年度の、日本のペットボトルのリサイクル率は85.0パーセントです。そして、水平リサイクル(リサイクル前と後で用途を変えない資源循環の方法)の割合は、まだ33.7パーセントしかありません(PETボトルリサイクル推進協議会「PETボトルリサイクル 年次報告書 2024」)。

どうして回収したペットボトルで、再生ペットボトルを作るの？

何度も利用するほうが地球にやさしいからですよ。

ボトルtoボトルの回収方法

セブン-イレブンでは、一部の店舗にペットボトル回収機を設置し、「ボトルtoボトル」を進めてきました。将来、ペットボトル回収機の設置数をふやし、全国の店舗に広げていく予定です。

セブン-イレブンやイトーヨーカドーなどの店頭に設置されている回収機は、2024年2月末時点で、4,187台です。そして、年間約5億本(約13,100トン)のペットボトルがリサイクルされています(2023年度)。

おぼえておいてね！

SDGsとは

「Sustainable Development Goals(持続可能な開発目標)」の略で、「貧困」や「不平等」、「環境破壊」など世界中で起きている問題を、みんなで解決していくための17の目標です。2030年の目標達成に向けて、さまざまな取り組みがつづけられています。

再生ペットボトルに生まれ変わるまで

1

キャップやラベルを外した使用ずみのペットボトルを回収機に入れる。

2

回収機のペットボトルを、定期的に収集・運搬業者が回収して、リサイクルメーカーへ。

3

リサイクルメーカーは、回収したペットボトルを再生原料に加工し、飲料メーカーなどに供給する。

4

飲料メーカーは、再生原料を使って再生ペットボトルを作り、新しい商品として販売する。

プラスチック削減

プラスチックはどうすればへらせるのだろう？

食品や日用品の容器などに使われているプラスチックは、わたしたちの生活に欠かせないものです。しかし、プラスチックのゴミが地球環境に与える影響が深刻になっていることがわかってきました。ゴミとして燃やされるときにCO_2が発生し、地球温暖化の原因になったり、たくさんのプラスチックのゴミが海に流れ出て、海を汚染したりするからです。また、プラスチックの原料の石油は、とれる量に限界があることも心配されています。プラスチックの使用量をへらすことは、世界中で取り組んでいる課題です。コンビニでは、どのように取り組んでいるのでしょうか。

コンビニのプラスチックをへらすくふう

2020年7月から、経済産業省が中心になって、プラスチック製のレジ袋の有料化を進めています。コンビニでは、これにしたがうと同時に、レジ袋のプラスチック使用量をへらすために、植物などから作られた素材（バイオマス素材）を加えた、環境にやさしいレジ袋に変更しています。

プラスチック製容器については、プラスチックの使用量が少ないものにしたり、紙製の容器に変更したりするなど、それぞれのコンビニでくふうしています。

バイオマスマーク

バイオマス素材を使っていることを示すマーク。

このマークがコンビニのレジ袋についているのを見たことがあるよ。

このマークは、植物などから作られた環境にやさしい素材を加えて作られていることを示すマークです。バイオマス素材を加えることで、レジ袋のプラスチックの割合をへらしているのです。

バイオマスマークは、こんなところにあります。

セブン-イレブンのレジ袋

ローソンのマチカフェのコーヒーカップ

ファミリーマートのドレッシングのパッケージ

プラスチック削減の取り組み

① パッケージの変更などのくふう

◎ファミリーマートでは、2020年4月からサンドイッチのパッケージを12.5パーセントうすく、上部を小さくし、石油系プラスチックの使用量をへらしました。2022年4月からは、上部を四角形から台形にして、さらに年間12トン削減する取り組みを行っています。

◎2022年6月から、パウチサラダのパッケージの幅を、125ミリメートルから115ミリメートルへと10ミリメートル小さくしました。これは、石油系プラスチックの使用量を、以前とくらべて、年間で約4.2トン削減する取り組みです。

旧パッケージ
125ミリメートル

新パッケージ
115ミリメートル

❷ スプーンやフォーク、箸などのくふう

ファミリーマートでは2021年9月から、全国の店舗で、もち手部分に穴を開けてプラスチックをへらしたスプーンに変更しました。その後、フォークも同じように改良しました。

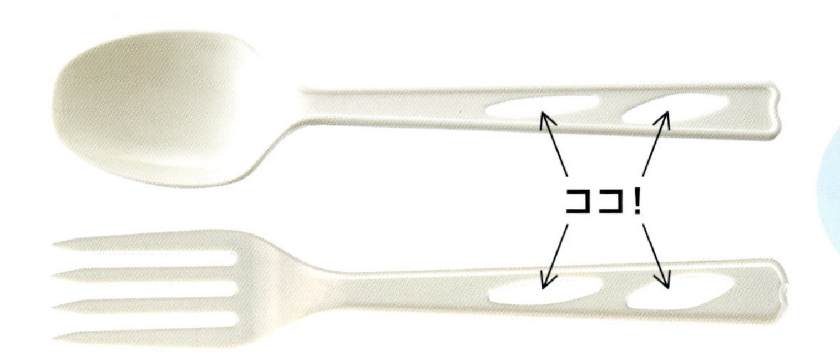

穴の開いたスプーンとフォーク

穴が開いているぶん、
プラスチックを少なく
できるんだね!

さらに、ファミリーマートでは2022年10月から、プラスチックのフォークをやめて、竹でできた箸に切りかえることで、プラスチックの削減を進めています。この取り組みにより、プラスチック使用量は年間で約250トンもの削減につながっています。

「プラスチック製フォークの原則配布中止」のお知らせ

お客さまへ

プラスチック使用量削減のため
フォークを“お箸”にて
代用させていただきます。

ご理解、ご協力をお願いいたします。

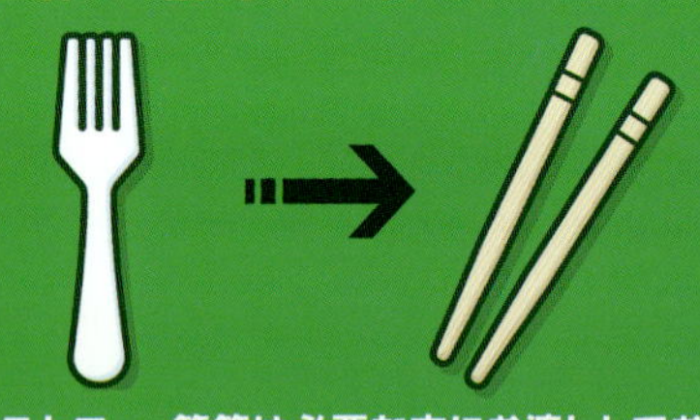

スプーン、ストロー、箸等は必要な方にお渡ししております。
箸に不慣れなお客さまなどフォークを必要とされる方はお申し出ください。

コンビニ各社が、こうした取り組みを積み重ねることで、大きなプラスチック削減につながるのですね。
プラスチックの削減は、プラスチック資源循環促進法※で定められていますよ。

※正式名称は「プラスチックに係る資源循環の促進等に関する法律」。

おぼえて
おいてね!

プラスチック資源循環促進法とは

プラスチックの使用をへらし、リサイクルやリユース(くり返し使うこと)を進めていくための法律です。また、プラスチックではなく、紙や木材をはじめとした環境にやさしい素材に切りかえていくことをあと押ししています(2022年4月施行)。

③ オリジナルペットボトル飲料について

ローソンでは2022年3月から、自社ブランドのペットボトル飲料6品のラベルを、ペットボトルのほぼ全体をおおっていたものから、約半分のサイズに変更しました。また、2023年11月から自社ブランドのペットボトル飲料7品のペットボトルを、「100%リサイクルペットボトル」へ切りかえはじめています。

〈変更前〉

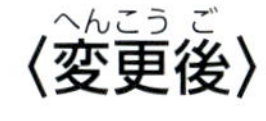

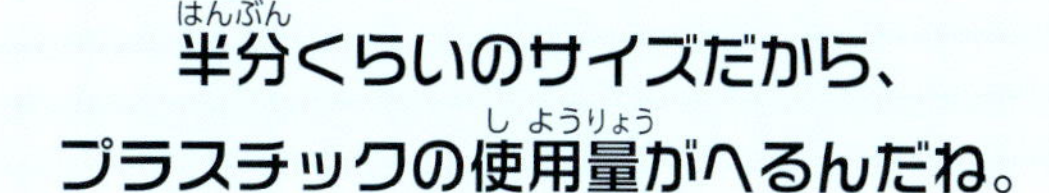

ハーフラベルに変更

「100%リサイクルペットボトル」だと、一般的なペットボトルとくらべて、製造時に1本あたり約60パーセントのCO_2排出量をへらせるんですよ。

「100%リサイクルペットボトル」と記載しています。

④ 量り売り

ナチュラルローソンでは、好きな量だけ買うことができる、シャンプーや洗剤などの日用品の量り売りを、一部の店舗で実施しています。

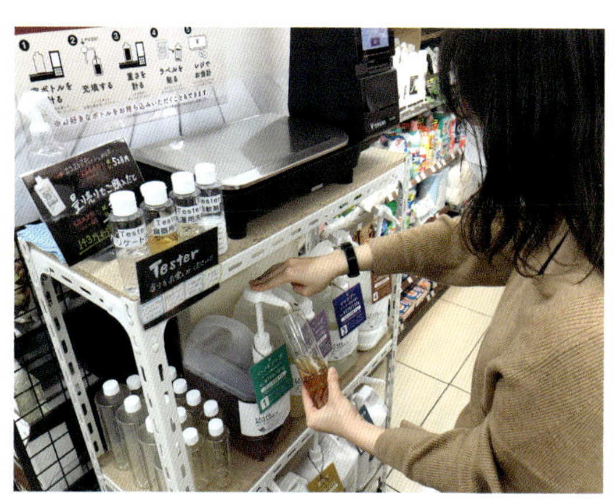

食品ロス対策

野菜や果物をむだなく活用してスムージーに

食品ロス（フードロス）とは、まだまだ食べられる食品が捨てられてしまうことをいいます。食品ロスが発生する場所は大きくふたつに分けられます。ひとつは事業系食品ロスで、店舗などで売れ残った食品などが捨てられることで発生します。もうひとつは家庭系食品ロスで、食事の食べ残しや、消費期限切れで捨てられる食品などがあります。

食品ロスは悪いことだらけ

世界では1年間に約40億トンの食糧が生産されていますが、食品ロスの量はその3分の1にあたる約13億トンもあります（消費者庁「食品ロス削減ガイドブック（令和5年版）」）。

これほど大量の食べられる食品が捨てられているいっぽうで、2023年には、世界で11人にひとりが十分な食事をとることができず、栄養不足になっています（5つの国連機関※による「世界の食料安全保障と栄養の現状」2024年7月発表）。それだけではありません。大量の食品が生ゴミとして捨てられると、それを燃やすために大変な費用がかかりますし、燃やすことでたくさんのCO_2が排出されて、地球環境に悪い影響を与えてしまうのです。

※国連食糧農業機関（FAO）、国際農業開発基金（IFAD）、国連児童基金（UNICEF）、ＷＦＰ国連世界食糧計画（ＷＦＰ）、世界保健機関（ＷＨＯ）。

日本で1年間に発生する食品ロスの総量
約523万トン

世界中で、こんなに食品ロスが発生しています。本当にもったいないですね。2021年度には日本だけでも、年間523万トン以上の食品ロスがあったといわれています（農林水産省及び環境省「令和3年度推計」）。

スムージーで食品ロス対策

野菜や果物のサイズがふぞろいだったり、少し傷がついただけで、売ることができずに捨てられてしまう食品ロスも多くあります。この食べられるのに捨てられてしまう野菜や果物に注目して活用をはじめたのが、セブン-イレブンの「セブンカフェ お店で作るスムージー」です。

「セブンカフェ お店で作るスムージー」

「セブンカフェ お店で作るスムージー」は、急速凍結した野菜や果物と、野菜ピューレ(すりつぶしてなめらかにしたもの)や果汁などを凍らせたアイスキューブを組み合わせ、店内の専用ミキサーにかけて、作り立てを提供する商品です。たとえば、グリーンスムージーのアイスキューブには、ふだん捨てられてしまうことの多いブロッコリーの茎の部分も含まれています。食品ロスをへらすだけでなく、新鮮な野菜や果物のおいしさを味わえ、栄養をたっぷりとることのできる商品です。

賞味期限切れになったお弁当はどうなるの?

賞味期限切れになったお弁当やおにぎり、サンドイッチなどは、そのままゴミとして捨てられてしまっているわけではありません。コンビニではそれらの商品を、飼料(ブタやニワトリのエサ)や肥料(植物の生長に必要な栄養分として土にまぜるもの)にリサイクルするなどの活用をしています。賞味期限が切れて、捨てられる運命にあった食品が、飼料や肥料に生まれ変わり、再び、食品を作り出すために役立っているというわけです。

また、コンビニによっては、店内の調理で使用したあとの油も、飼料や店舗用のハンドソープなど、いろいろなかたちにリサイクルしています。

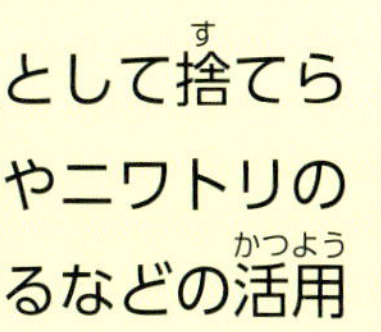

持続可能な食

豆類が原料の代替食品を作り、工場内で収穫する野菜を活用する

まだ食べられる食品であるにもかかわらず、捨てられしまう食品ロスが世界中で問題になっているいっぽうで、今わたしたちが当たり前のように口にしている肉や魚、そして野菜などが不足し、十分に食べられなくなる未来が予想されています。そんな未来に備えて、持続可能な食の確保をめざす取り組みがはじまっています。たとえば、大豆やえんどう豆を原料にして、肉や魚のかわりになる食品を製造したり、天候の影響を受けない工場内で野菜を栽培・収穫したりといったことが行われています。コンビニは、そうした食の問題にも積極的に取り組んでいます。

天候に左右されず、安定的に野菜を作る

野菜工場「ベジタブルプラント」

セブン-イレブンと食品製造メーカーが協力して、2019年1月から、自社商品専用の野菜工場「相模原ベジタブルプラント」をスタートさせました。天候に左右されずに安定した収穫量を確保でき、害虫や病気の心配がないので、無農薬で育てることができます。

さらに、これまでの2～3倍のビタミンCを含む野菜の栽培が可能になりました。また、食品の加工工場と専用通路で結ばれているため、安全で新鮮な野菜をすぐに加工することができるのです。

ベジタブルプラントでは、サンチュやホウレンソウ、ロメインレタスなどの葉物野菜が作られていますよ。セブン-イレブンで販売されるサラダなどに使われています。

えーっ！太陽の光がなくても野菜ができるんだ！

植物由来の「肉・魚」でたんぱく質をとる！

① 注目の代替食品

代替食品とは、もともとの食材にかわる食品のことです。代替肉というのは、肉のような食感や味わいがあるのに、肉以外の食材で作られているものです。代用魚や代替卵などもあります。多くは、大豆などから作られます。ベジタリアンといわれる菜食主義の人たちがふえていることで、注目が集まっています。また、ウシやブタといった動物を飼育するよりも、大豆などの豆類の活用は環境への負荷が少なく、加工もしやすいという利点もあります。

② セブン-イレブンが取り組む「プラントベースプロテイン」

「プラントベースプロテイン」とは、植物由来のたんぱく質という意味です。セブン-イレブンでは、最先端技術をもつ企業と協力して、動物の肉を使わずに、たんぱく質を摂取できる代替肉や代用魚を使った商品を開発・販売しています。

ぼくの大好きなナゲットもあるね！

★ セブン-イレブンの「みらいデリ」商品 ★

ベジタブルプラントで作った野菜

チョレギサラダ

シーザーサラダ

プラントベースプロテイン

みらいデリ
おにぎり
ツナマヨネーズ

※現在は取りあつかっていません。

みらいデリ
ナゲット
5個入り

省エネ・創エネ・再エネの調達

太陽光発電や省エネで、CO_2排出量の少ない店舗に

エネルギー利用の取り組みには、大きく分けて3つあります。それが、省エネ・創エネ・再エネの調達です。

省エネとは、エネルギーを使う際に、できるだけむだを省いて、効率的に使おうという取り組みです。使っていない部屋の照明をこまめに消したり、エアコンの設定温度を適正に保つなどです。創エネとは、自分でエネルギーを作り出すことです。太陽光パネルを取りつけて太陽光発電を行い、それを自宅の電力として使うことなどです。そして、再エネの調達とは、他の人が太陽光発電などで作った再生可能エネルギーを買うなどして利用することをいいます。

現在のエネルギーにどんな問題があるのだろう

現在消費する電力のほとんどは、石油や石炭など限りある資源によって、火力発電で作られています。発電するときにCO_2を多く排出してしまい、地球温暖化の原因になることが大きな問題です。また、このままのペースで消費していくと、いずれ資源を使い果たしてしまうことも心配されています。

この問題を解決する方法として、太陽光や風力、水力など「再生可能エネルギー」による発電が注目されています。これらは、くり返し利用することができ、CO_2を排出することもないため、「環境にやさしいクリーンなエネルギー」ともいわれています。

コンビニでは、太陽光パネルを利用した発電を行う店舗がふえています。

蓄エネに取り組む店舗もある

セブン-イレブンでは、積極的に「省エネ・創エネ・再エネ調達」に取り組んでいますが、埼玉県の「セブン-イレブン三郷彦成2丁目店」では、実験的に蓄エネに取り組んでいます。蓄エネとは、蓄電池

を活用して電気をためておくなど、エネルギーをためて、必要なときに取り出して利用するというものです。

セブン‐イレブン三郷彦成2丁目店
※一部の設備は実験を終了しています。

① 省エネ

◎新型の冷凍冷蔵設備

店内の温度が、冷凍庫や冷蔵庫内の温度に影響しないように密閉性を強化したり、冷凍庫の除霜作業を少なくするなど、省エネできるよう設計されています。

◎エネルギーマネジメントシステム

太陽光発電や蓄電池の電気を、有効に活用できるように、管理するシステムです。

② 創エネ

店内外には発電効率がよい次世代太陽電池を使い、カーポート上にも太陽光パネルを設置して、より多くの電力を生み出しています。

③ 蓄エネ

蓄電池システム「バッテリキューブ」を使用。あまった電気をためて、有効に活用できるようにしています。

■CO_2を削減するための省エネ・創エネ・蓄エネの取り組み

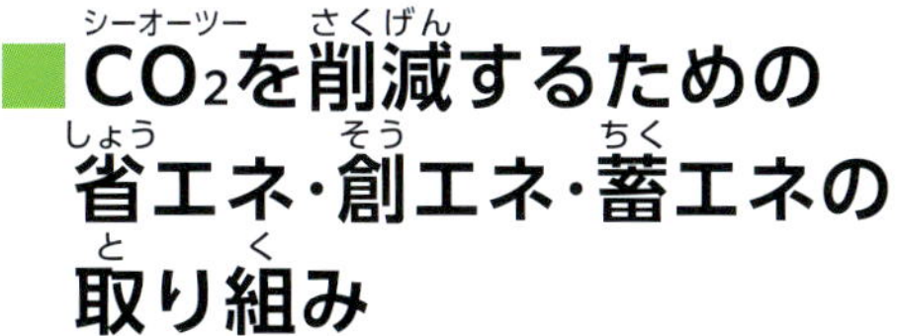

創エネ

太陽光を利用して、電力を作り出しています。

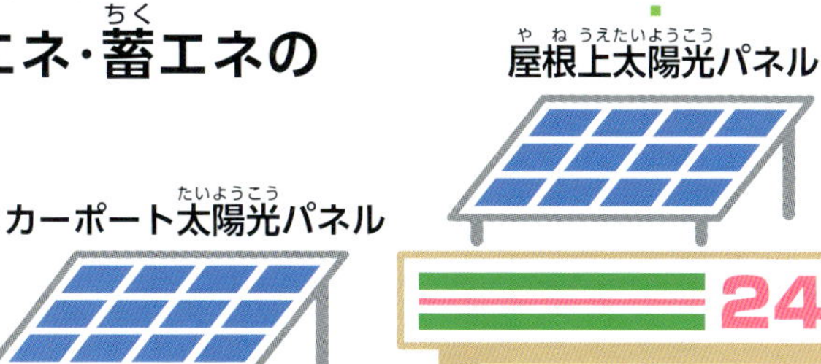

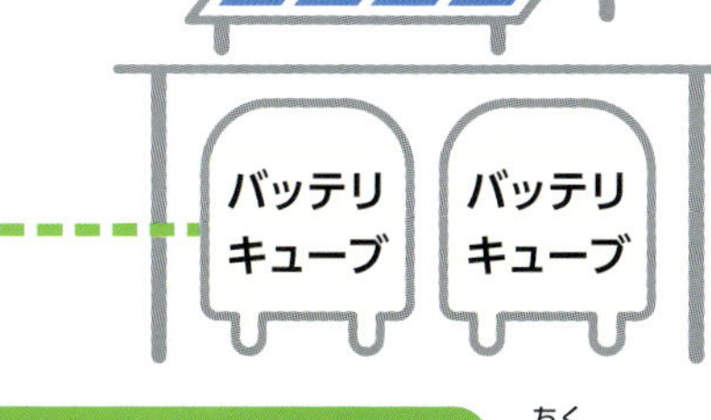

蓄エネ

バッテリキューブという蓄電池システムを利用して、電気をためて有効活用しています。

省エネ

LED照明を使ったり、新型の冷凍冷蔵設備を使うことで、電気の使用を少なくしています。

チャレンジ！
フードドライブ※の
食品がどこへ行くのか、
調べてみよう！
※2章で紹介します。
ファミリーマートでは、
全国4,000店以上で
行っているんだって！
食支援が必要な方へお届けします！
ご家庭に眠っている食品は
ありませんか？
ファミマフードドライブ寄付受付BOX
ご家庭の食べきれない食品を
地域の協力パートナーに託し
地域の必要な方へお届け
様
1
食品
家で食べきれない
食品がないか確認する
来店者
おウチで使いきれない
食品でいいんだね。
フードドライブに
寄付してはいけないものもあるから、
ルールを確認しよう！
2
Family Mart
「ファミマフードドライブ」
実施店舗にもっていく
ファミリーマート
3
支援活動を
行う団体
ファミリーマートから
食品を受け取り、確認して
仕分けする
各地域の支援団体など
4
必要としている人に
食品が届けられる
必要としている人
わぁ～
いろいろある！
ファミマ
フード
ドライブ
地域の支援団体などに
届けられて…
必要としている人たちに
届けられるんだね！

2章
24h
コンビニは
人にも地球にも
やさしいんだって！
人にやさしい
SDGs！

人にやさしいSDGs！

SDGs17の目標のうちで、目標1「貧困をなくそう」、目標2「飢餓をゼロに」、目標3「すべての人に健康と福祉を」、目標5「ジェンダー平等を実現しよう」、目標6「安全な水とトイレを世界中に」などは、だれもが人間らしい暮らしをするうえで大切な目標です。ほかの目標の多くも、未来を生きる人たちを含めて、地球全体の幸せをめざすことに大きくかかわっています。世界中の人たちに想いを向けて、すべての人が平等で健康に、幸せに暮らせる世界をめざすことがSDGsの重要なポイントといえるでしょう。

コンビニでは、どのような取り組みで、人にやさしいSDGsの達成をめざしているのでしょうか。

食べ物を通じた、さまざまな地域貢献・社会貢献

コンビニは、家庭で食べきれない食品を集め、食べ物にこまっている人たちに届ける「フードドライブ（→28ページ）」に協力しています。こまっている人を助けるだけでなく、賞味期限切れなどで捨てられる食品をへらすことができるので、環境を守るうえでも役立っています。また、ひとりきりで食事をすることの多い子どもたちがみんなと楽しく食事のできる場を提供したり、地域の人たちと交流する場として「子ども食堂（→30ページ）」を実践しているコンビニもあります。

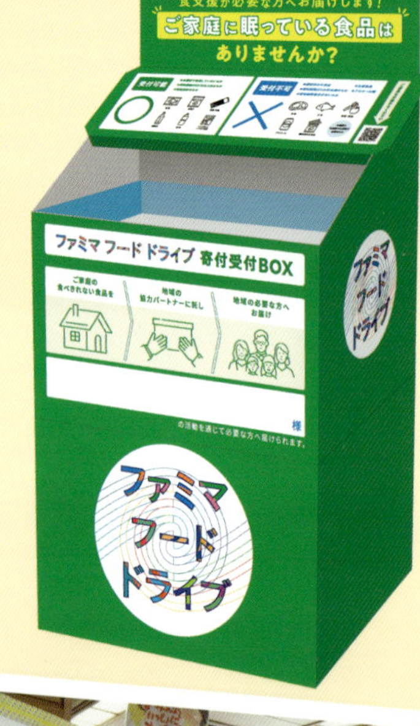

集まった食品をみんなで分けるってステキだね！

差別をなくし、みんなが生きやすい社会にする

「レインボーカラー(→32ページ)」を用いた商品を販売しているコンビニもあります。レインボーカラーは「性の多様性」への理解や共感を表すシンボルで、差別をなくしLGBTQ＋などへの理解を深めるために、こうした商品を企画し、販売を行っているのです。

また、障がいのある人や日本語を話せない人たちが、安心して買い物できるように、「コミュニケーションのための支援ツール(→36ページ)」を活用しています。

トイレを使えない人たちがいることに目を向ける

みなさんは、トイレがあるのは当たり前だと思っていますよね。けれども、世界の中には、トイレがなくてこまっている人たちがたくさんいます。そういう世界の現実や、コンビニのトイレの大切さを考えてもらうことを目的に、ローソンでは、感謝をテーマにしたアートで壁面を装飾する「アートトイレ(→34ページ)」を実施しています。

UNICEFとWHOの報告によると、「安全に管理された衛生施設（トイレ）」を利用できない人が、世界には約34億人もいるといわれていて、世界人口の40パーセント以上にあたります(ユニセフ･WHO 報告書「家庭の水と衛生の前進 2000 ～ 2022年：ジェンダーに焦点を当てて」)。

フードドライブ

食品ロスをへらし、食べ物にこまっている人を助ける

フードドライブとは、家庭で食べきれない食品などを集めて、自治体や福祉団体へ寄付して、食べ物を必要としている人のもとに届ける活動のことです。コンビニでは、このフードドライブに積極的に取り組んでいます。

みなさんの身近にも、食べ物にこまっている人はたくさんいます。みなさんの家に、買ったことを忘れてしまっていた缶詰や、買いためておいたカップラーメンや、食べないまま置いてある贈答品などはありませんか。もし、それらを捨てようとしていたら、とてももったいないですね。フードドライブのボックスを見つけて、寄付しましょう。

コンビニのフードドライブ

ファミリーマートでは、「ファミマフードドライブ寄付受付BOX」を設置しています。ボックスに入れるだけで、だれでも気軽にフードドライブに協力することができます。

全国のファミリーマート4,152店に設置されていますよ(2024年11月19日現在)。みんなの街のお店も見てみましょう。

ファミマフードドライブの条件

◎賞味期限まで2か月以上ある。
◎常温保存が可能な未開封の食品。
◎包装に破損がないもの。

例 缶詰、乾麺、インスタント食品やレトルト食品、菓子、茶、調味料など。

冷凍食品はダメなんだね。

そうです。冷蔵庫で保存しなければならない肉や魚も受けつけていません。受け取った人が安心して食べられるものを届けるために、そういう条件があるのです。

コンビニでかんたんに寄付できるのはべんりだね。

ファミマフードドライブのしくみ

ファミリーマートでは、2021年からフードドライブに取り組んでおり、コンビニとしては国内初の取り組みでした。2024年10月には、567団体とパートナーを組み、4,000店を超える店舗で展開しています。これは、国内最大規模のフードドライブのネットワークです。

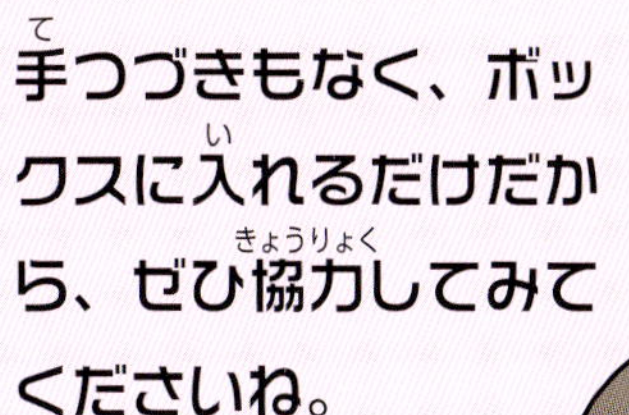

1. 家に、食べきれない食品や、手をつけていない食品がないか確認する。
2. その食品をファミリーマートの「ファミマフードドライブ寄付受付BOX」に入れる。
3. ファミリーマートは、地域の協力パートナー（子ども食堂や、食の支援活動を行う団体）に、集まった食品をたくす。
4. 協力パートナーから、食べ物を必要としている人たちに届く。

どんどん広がるファミマフードドライブ

ファミリーマートのフードドライブの取り組みにより、2024年10月までの累計で、273トン以上の食品が、必要としている人に届けられています。

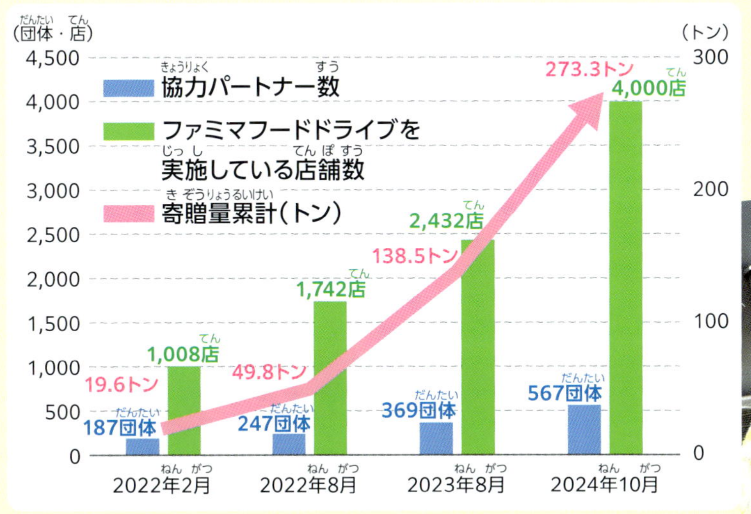

出典：ファミリーマート2024年10月21日ニュースリリース

届けられた人からの感謝のメッセージ

子ども食堂

2 安心してごはんを食べられる場を子どもたちに提供する

子ども食堂とは、子どもたちに無料または安い料金で食事を提供する取り組みのこと。家庭では満足な食事ができない子どもを支えたり、両親が共働きで、ひとりで食事をすることの多い子どもたちがみんなといっしょに楽しく食事をする場を提供します。また、食を通じた学びの機会を提供したりもしています。地域の人たちとの交流を深めたりするなど、さまざまな役割を果たしています。

子ども食堂はふえている

子ども食堂は、地域の人たちのボランティアからはじまり、年々、ふえてきました(2024年、全国で10,866か所)。国や都道府県、市区町村も補助金を出すなどの支援を行い、子ども食堂の活動に協力しています。また、飲食店や会社などが協力し合って、子ども食堂を運営しているところもあり、いろいろなかたちの子ども食堂ができてきました。

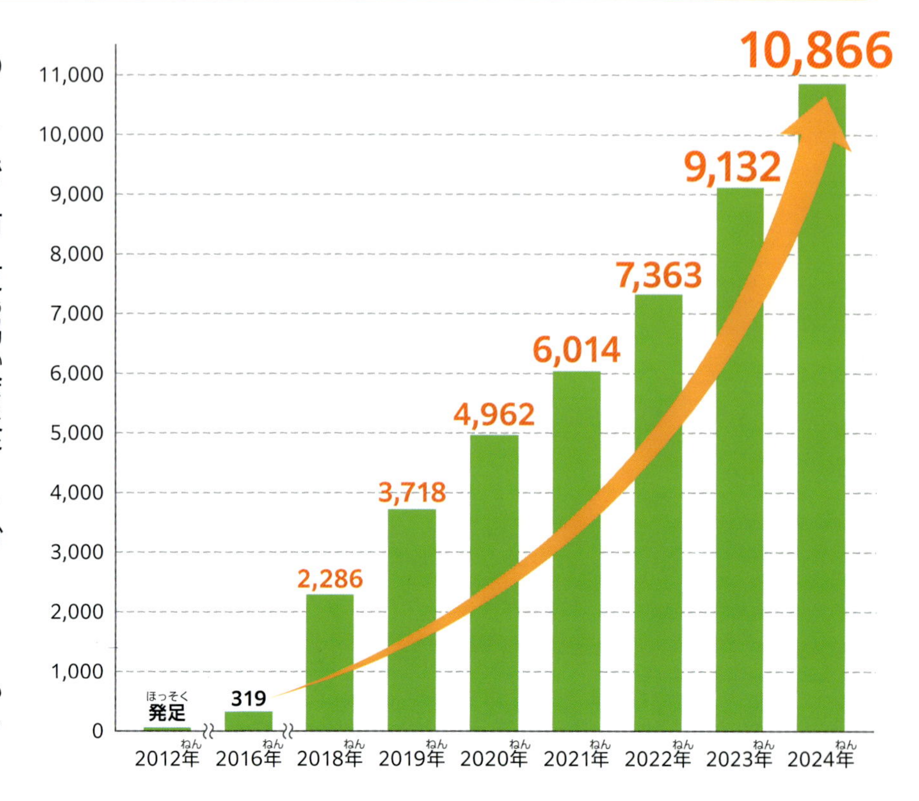

出典：2018年以降は「認定NPO法人全国こども食堂支援センター・むすびえ」、および地域ネットワーク団体調べ、2016年は朝日新聞調べ

コンビニによる子ども食堂への取り組み

① ファミマこども食堂

ファミリーマートでは、イートインスペースを利用して、楽しく食事ができ、地域の人たちが交流できる場として「ファミマこども食堂」を2019年より行っています。

ファミマこども食堂の特徴

◎いっしょにごはんを食べるだけでなく、レジ体験や店内探検など、楽しいイベントと組み合わせています。

◎メニューを選べます。
好みやアレルギーにも配慮して、いくつかのメニューから選ぶことができます。

◎気軽に参加できる料金にしています。
未就学児無料、小学生ひとり100円、おとなひとり400円。

「ファミマこども食堂」には、コンビニならではの特徴がいろいろあって、楽しそうですね。

② 子ども食堂を応援する活動

子ども食堂をつづけていくためには、食費や会場費、ボランティアへの謝礼など、さまざまなお金がかかります。ファミリーマートでは、「認定NPO法人全国こども食堂支援センター・むすびえ」とともに、店頭の募金箱への寄付金を活用して、子ども食堂を応援する「ファミリーマート むすぶ、つながる、こども食堂応援プロジェクト」を進めています。また、新たに子ども食堂をはじめる人を助ける「こども食堂スタート応援助成プログラム」も行っています。

レインボーカラー

多様性を認める社会をめざすシンボル

赤、橙、黄、緑、青、紫の6色で作られる「レインボーカラー」は、性の多様性への理解や共感を表すシンボルとして世界中で使われています。人間には個性があって、見ためも性格もそれぞれにちがっているように、性への意識や愛する人の性別も人それぞれです。異性ではなく同性を愛する人もいるし、生まれたときの性別を受け入れることができない人もいるのです（LGBTQ+という呼び方があります）。そういう人たちを理解し、すべての人たちが生きやすい社会をめざすためのシンボルが、レインボーカラーです。

LGBTQ／LGBTQ＋ってなに？

LGBTQ＋を理解するきっかけとして、レインボーカラーが使われているんですよ。

LGBTQとは、Lesbian（女性として女性が好きな人）、Gay（男性として男性が好きな人）、Bisexual（男性と女性どちらも好きになる人）、Transgender（自分が生まれたときの生物的な性とはちがう性だと認めている人）、QueerやQuestioning（自分の性のあり方がわからない、決めていない人）の頭文字を取った言葉です。

また、「LGBTQ＋」という言葉もあります。「+」をつけることで、「LGBTQ」に当てはまらない多様な性を表現しているのです。最近は、「LGBTQ」よりもさらに広い多様性を表す言葉として、「LGBTQ＋」を使うことがふえてきました。

レインボーカラーなのに、何で6色なの？

A　LGBTQの人たちが、LGBTQについて正しく理解してもらおうと活動していたときに、「プライドフラッグ」というシンボルになるような旗を作りました。性は多様でありグラデーションなので、虹で表現しています。最初は8色を使っていましたが、その後、実際に旗を作るときに、色がたくさんあると材料を用意するのが大変なので、色の数をへらしてきました。そうして残ったのが、今の6色です。

レインボーアクション

ファミリーマートでは、男性・女性といった性別だけでなく、LGBTQ+を含むすべての人が、自分らしく活躍できる社会をめざして、「仲間になろう」を合言葉に、さまざまなレインボーアクションを起こしています。LGBTQ+などについての正しい知識と理解をうながすアクションや、レインボーカラー商品を通じて多くの人にLGBTQ+の理解を広めるなどのアクションです。

レインボーカラー商品

ファミリーマートでは、2021年から毎年LGBTQ+について知るきっかけづくりとして、レインボーカラーを使った商品、「ショートソックス レインボー」、「今治タオルハンカチ レインボー」などを期間限定で販売しています。ファミチキのパッケージにもレインボーカラーを採用しました。売上の一部は、LGBTQ+の理解を深める活動をしている協力団体へ寄付しています。

ファミリーマートの「レインボーアクション」ポスター

※この商品は現在販売していません。

★海外では、性別の選択肢が50種類以上あることも!?★

日本では、なにかの申し込み書や、役所に提出する書類などには、名前・住所などといっしょに、性別を記入する欄があります。多くの場合、「男性・女性」と書かれていて、いずれかを選ぶことが求められます。

しかし、アメリカ版Facebookのように、性別の選択肢が50種類以上も用意されているSNSもあります。最近では、日本でも、男性・女性以外の選択肢を用意したり、そもそも性別を記入する欄をなくすといったことがふえつつあります。

トイレの大切さを広く伝える

2022年時点、世界では約34億人が安全に管理された衛生施設（トイレ）を使用できずにいます。バケツやビニール袋に排便をしたり、屋外で排泄をしています。便には、病気を引き起こす細菌がたくさん含まれているので、トイレのないところでは、細菌に感染しやすくなります。1日に1,300人以上もの子どもたちが、下痢を発症して命を落としています※が、その原因の多くが清潔なトイレを使えないことにあるのです。この問題を世界中で考え、少しでも改善していくために、2013年に国連は、11月19日を「世界トイレの日」に定めました。SDGsの目標6にも「安全な水とトイレを世界中に」と掲げられています。

※公益財団法人 日本ユニセフ協会ホームページ（https://www.unicef.or.jp/news/2023/0192.html）より。

コンビニのトイレの重要性

日本は、トイレがある生活環境が整っているので、上記のような深刻な状況にはありません。けれども、高齢者や障がいのある人の中には、外出時にトイレの不安を感じる人はたくさんいます。また、旅先や長距離移動のときなどに、トイレが見つからなくてこまったことは、みなさんもあるのではないでしょうか。その意味で、コンビニのトイレの役割は重要です。日本中のいたるところにコンビニの店舗があるので、そのトイレをいつでも利用することができれば安心ですね。

アートトイレ

いつでも気軽にトイレを利用したいという利用者の希望を受けて、1997年にローソンでは、コンビニで初めてトイレを開放し、今も多くの人が利用することができています。このサービスを継続し、ふだんからトイレをきれいに使用してくれる利用者と、日々トイ

障がい者アート作品

レ清掃をしてくれる店員への感謝の気持ちを表すために、2022年11月から、一部の店舗で「アートトイレ」を設置しています。

アートトイレとは？

「ありがとう」、「感謝」をテーマとしたデザインで、壁面を装飾したトイレです。2022年には、障がい者アーティストたちがトイレ壁面をデザインしました。担当アーティストにはローソンからデザイン費が支払われ、障がい者アートの支援にもつながる取り組みになっています。

※現在は、障がい者によるアートトイレの取り組みは実施していません。

ローソンでは、「ローソン　アートトイレデザインコンテスト」として、アートトイレのデザインを募集しているんですよ。なお、ローソンはコンビニで初めてトイレを開放しましたが、いまでは、全国の店舗で1日に約100万人が利用しているそうです。

2023年からは、11月10日の「トイレの日」、11月19日の「世界トイレの日」に合わせて、コンビニのトイレの大切さを伝えるために、「アートトイレ」のデザインコンテストを実施しています。入選作品は、実際のトイレの壁面にデザインされます（2024年も実施）。

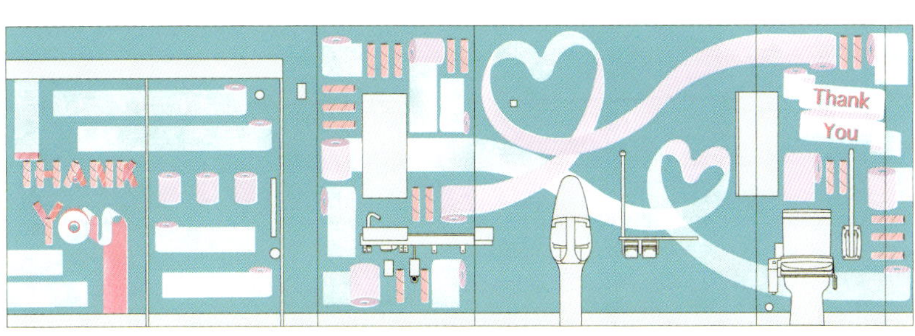

2023年の入選作品

コミュニケーションのための支援ツール

会話によるコミュニケーションが難しい人を助ける

聴覚障がいや言語障がいがある人にとって、自分の意思を相手にきちんと伝えるのは難しいことです。海外の人や高齢者、小さい子どもも、会話による意思表示にこまることがありますよね。そうした人と人とのコミュニケーションを助けるツールが、コンビニの店舗や公共施設などで使われるようになってきました。

コミュニケーションを助けるツール

コンビニでは、会話によるコミュニケーションが難しい利用者が、レジの店員に意思を伝えるのを助けて、買い物をしやすくするためのツールが使われています。たとえば、レジカウンターに貼って活用するシートでは、レジ袋や電子レンジによるあたためなど、代表的な要望を伝えることができます。

ファミリーマートの「コミュニケーション支援ツール」では、わかりやすいイラストと色覚障がいの人も認識できる色を使用したシートやボードが用意されています。また、日本語版だけでなく、英語版や中国語版、韓国語版もあります。

ファミリーマートのコミュニケーション支援ツール

ボードには、レジのシートより多くの選択肢が用意されています。また、あらかじめ画像をダウンロードして、スマホなどで自由に使うこともできますし、スマホアプリ「ファミペイ」には、コミュニケーション支援ツールを使用したいことを伝える「耳マーク」ボタンもあります。

お客さんにとっても店員さんにとっても、やさしいツールだね！

障がいのあるお客さんの感じ方を店員さんが体験するような勉強会も定期的に実施されています。だれにとっても利用しやすい、やさしいお店づくりに取り組んでいるんですね。

★アプリがあれば、利用者自身がスマホで利用できる★

コンビニ各社は、それぞれのスマホアプリの中に、コミュニケーションのための支援ツールを表示できる機能を用意しています。

自分のスマホで支援ツールを表示させて利用することもできるので、安心です。

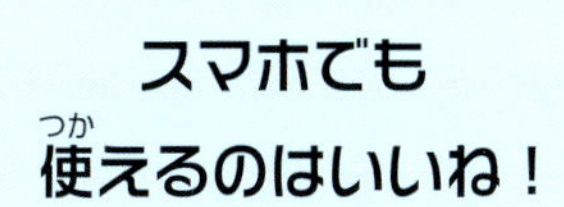

ファミリーマート

ローソン

セブン-イレブン

想像してみよう！

コンビニは地球の未来を変えていく

みなさんの暮らしに欠かすことのできないコンビニは、SDGsにおいて重要な役割を果たしています。たとえば、地球温暖化の原因ともなるCO_2の削減について、セブン-イレブン、ファミリーマート、ローソン各社は、それぞれにCO_2の排出量を、いつまでにどれだけへらすかという目標を公開し、積極的な取り組みを進めています。コンビニは、全国に55,000店以上もあります。これだけたくさんのコンビニがCO_2を50パーセント削減したり、100パーセント削減したら、地球の未来は変わるでしょう。

SDGsを達成するための、コンビニ各社のCO_2削減の取り組みをちょっとだけ見てみましょう。

1 カトラリーやレジ袋は、お店におかない

レジ袋や、箸、スプーン、フォークなどのカトラリーの使用をへらす取り組みは進んでいますが、もっと進めばグリーンローソンのように、そもそもレジ袋もカトラリーもいっさいおかない、というコンビニがふえるでしょう。

2 再生可能エネルギーの活用で、CO_2削減

セブン-イレブンを展開するセブン＆アイグループでは、約9,000店舗で太陽光発電による再生可能エネルギーを活用し、CO_2排出量を削減しています。今後、ますます再生可能エネルギーの活用が進むでしょう。

3 トラック輸送を減らしてCO_2削減をめざす

ファミリーマートでは、商品配送などで利用していたトラック輸送を、一部の地域で貨物鉄道輸送に切りかえています。こうした取り組みによって、トラックを利用していたときにくらべて、約30パーセントのCO_2排出量の削減となっています。

さくいん

コンビニがSDGs達成に
取り組んでいることが
よくわかりましたね。
3巻でまた会いましょう！

★監修

吉岡 秀子（よしおか ひでこ）

コンビニジャーナリスト。関西大学社会学部卒。2000年ごろからコンビニエンスストアに関する取材をはじめ、以後、コンビニの商品・サービス開発の舞台裏や各チェーンの進化を消費者視点で研究している。最近は、コンビニの動向から現代社会の課題を見出すことをテーマに教壇に立つなど、幅広く活動中。『セブン - イレブンは日本をどう変えたのか』(双葉社)、『コンビニ　おいしい進化史』（平凡社）など、著書多数。

★協力・写真提供

株式会社セブン - イレブン・ジャパン
株式会社ファミリーマート
株式会社ローソン

★コンビニ各社提供以外の写真

P26 右下・P30：毎日新聞社／アフロ

★スタッフ

装丁	RiAD DESIGN
本文デザイン・DTP	有限会社オズプランニング（澤田京子）
イラスト	赤澤英子
写真撮影	伊井龍生
撮影モデル	田中鈴夏
編集協力	有限会社オズプランニング

コンビニから社会（しゃかい）をさぐる

② コンビニのSDGs（エスディージーズ）が止（と）まらない！

2025年1月30日　初版第1刷発行

監　修　吉岡 秀子

発行者　西村保彦

発行所　鈴木出版株式会社
〒101-0051　東京都千代田区神田神保町 2-3-1 岩波書店アネックスビル 5F
電話／03-6272-8001　FAX／03-6272-8016
振替／00110-0-34090
ホームページ　https://suzuki-syuppan.com/

印　刷　株式会社ウイル・コーポレーション

ISBN 978-4-7902-3434-0 C8030

Published by Suzuki Publishing Co.,Ltd.
Printed in Japan
NDC360 ／ 39p ／ 30.3×21.6cm